AF178958

ACHTSAMKEIT

SEHEN WAS IST

ENTSCHLEUNIGE DEIN LEBEN – LERNE, WIEDER ZU VERWEILEN

Renate Göbel

2018

© 2018 Renate Göbel

Verlag: tredition GmbH, Hamburg

ISBNs:

978-3-7469-4975-8 (Paperback)

978-3-7469-4976-5 (Hardcover)

978-3-7469-4977-2 (e-Book)

Bibliografische Information der Deutschen Nationalbibliothek:

Die Deutsche Nationalbibliothek verzeichnet diese Publikation in der Deutschen Nationalbibliografie; detaillierte bibliografische Daten sind im Internet über http://dnb.d-nb.de abrufbar.

Korrektorat, Lektorat:

Heike Pruksch, Stefan Kurzbach

Ein Professor möchte seinen Studenten die zerstörerische Kraft des Alkohols demonstrieren. Er hat vor sich ein Glas mit Wasser und ein Glas mit Alkohol. Dann taucht er einen kleinen Wurm in das Glas mit Wasser. Alle schauen zu, wie er am Rand wieder hochkrabbelt.

In das Glas mit Alkohol taucht er ebenso einen Wurm. Alle sehen, wie der Wurm in kurzer Zeit zerfällt. Was lernen wir daraus?, fragt er seine Studenten. Einer meldet sich und sagt: Trinke Alkohol und du hast keine Würmer!

Wir sehen immer, was wir sehen wollen. Erst wenn wir für etwas bereit sind, kann eine Veränderung geschehen.

Inhaltsverzeichnis

FANTASIEREISEN

ACHTSAMKEIT – WOZU?

Wir alle möchten unser Leben so vollständig wie möglich leben. Streben im Berufsleben nach Erfolg und Bestätigung, bemühen uns um glückliche Beziehungen, möchten sorgenfrei und voller Lebensfreude sein. Was hindert uns daran?

Ständig erreichen uns über das Smartphone neue Nachrichten. Wir lassen uns unaufhörlich von dem, was wir gerade tun, unterbrechen. Ein Gefühl der Fremdbestimmtheit stellt sich ein. Wir fühlen uns gedrängt oder gar getrieben, ständig etwas tun zu müssen.

Oft schieben wir eine To-do-Liste vor uns her, beginnen aber nicht, sondern finden immer etwas Wichtigeres. Wir haben verlernt, die Gedanken zur Ruhe zu bringen, um das Wichtige vom Unwichtigen unterscheiden zu können.

Unser Alltag ist so schnell getaktet, dass wir keine Zeit mehr zum Innehalten, Erleben und Reflektieren haben. Dabei gibt gerade das unserem Leben Tiefe.

Oft ist unser Kopf ist mit allem möglichen beschäftigt, nur nicht mit dem, was wir gerade tun. Es ist uns zur Gewohnheit geworden, immer schon vorauszudenken, beim nächsten zu sein. Statt viel zu erleben, erleben wir in der Gegenwart nichts richtig oder vollständig, weil wir verlernt haben, zu „verweilen". Unsere Gedanken sind nicht mehr in der Lage, still zu werden.

Was passiert, wenn du dich mit dem Augenblick verbindest?

Du spürst mehr Lebendigkeit, entdeckst mehr Lebensfreude, erlebst Begegnungen intensiver, findest Stille und Frieden.

Ich möchte dir mit diesem Buch zeigen, wie du dein Leben entschleunigen kannst. Dazu braucht es nur wenig Zeit und Übung. Du wirst schon nach wenigen Tagen wahrnehmen, dass deine Zeit nicht so schnell verrinnt. Vielleicht gelingt es dir, Achtsamkeit zu einer Lebenseinstellung werden zu lassen.

ACHTSAMKEIT IM ALLTAG

Es ist gar nicht so schwer, Achtsamkeit ins Alltagsgeschehen zu bringen. Du kannst bei deinen täglichen Ritualen und Gewohnheiten beginnen. Vielleicht gelingt es dir dadurch, die als langweilig oder lästig empfundenen Pflichten wieder neu zu erleben. Fange mit kleinen Schritten an.

Hast du auf Autopilot geschaltet, wenn du duscht oder die Zähne putzt? Versuche doch mal, es nicht nur schnell erledigen zu wollen, sondern es ganz bewusst zu tun.

Spürst du, wie sich das Wasser auf der Haut anfühlt?

Ist der Wasserstrahl weich oder hart? Kannst du das angenehme Prickeln fühlen? Den Duft der Seife riechen? Versuche, jedes Detail wahrzunehmen.

Genieße es, den Körper anschließend liebevoll einzucremen, deine Haut zu streicheln.

Durch das Umschalten in den Achtsamkeitsmodus kann aus einer langweiligen Routine ein neues Erleben werden.

Wenn du in den Spiegel schaust, lächle! Nicht immer leicht?, dann ziehe einfach die Mundwinkel nach oben. Es reicht, wenn der Körper die Haltung einnimmt, der Geist wird ihm folgen und die Seele lächelt.

Bemühe dich, eine wohlwollende Haltung einzunehmen. Bist du tagsüber in schwierigen oder stressigen Situationen, verändere deinen Blickwinkel. Versuche, die Situation aus der Helikopterperspektive zu sehen. Komme vom Reagieren zum Betrachten.

Achtsamkeit hat immer mit Aufmerksamkeit zu tun, der wir uns bewusst sind. Es ist die Fähigkeit, sich selbst zu beobachten, immer weniger gewohnheitsmäßig zu agieren.

Meditieren – aber wie?

Meditation gilt inzwischen als eine anerkannte Heilmethode für vielerlei Krankheiten, die durch Stress hervorgerufen werden. Sie wird gleichermaßen von Leistungssportlern wie von Managern praktiziert. Die meisten Menschen üben, weil sie ihre Gedanken zur Ruhe bringen wollen. Denn Ruhe bringt Gleichgewicht.

Schon Buddha sagte: Schaue nach innen und deine Welt wird sich verändern.

Vielleicht will es dir zu Anfang nicht gelingen bei dir selbst anzukommen. Lass dich nicht entmutigen. Es ist ein Weg mit kleinen Schritten. Bald wirst du feststellen, dass Meditation entspannter macht und du mit Stresssituationen besser umgehen kannst.

Wenn du noch keine Übung im Meditieren hast, solltest du mit einer bequemen Sitzhaltung beginnen. Das kann auf einem Stuhl sein, ohne dich anzulehnen. Der Rücken sollte gerade aufgerichtet sein, lass die Wirbelsäule nach oben „wachsen".

Wenn du nicht mehr so gut auf dem Boden sitzen kannst, ist ein Meditationsbänkchen hilfreich. Im

Schneidersitz kannst du die Knie mit dicken Kissen unterstützen. Beim Fersensitz kannst du eine eingerollte Decke oder ein Kissen zwischen Oberschenkel und Gesäß legen. Es sollte sich bequem oder zumindest schmerzfrei anfühlen.

Beginne mit 5 Minuten am Tag, immer zur gleichen Tageszeit und verlängere langsam auf 15 Minuten. Es lohnt sich, am Ball zu bleiben. Suche dir ein Thema aus den Meditationstexten heraus, das dich gerade anspricht.

Lies dir den Text vielleicht mehrmals durch. Lege dann das Buch vor dich hin, du wirst das Wichtige im Gedächtnis behalten.

Vielleicht sagt dir dein innerer Kritiker, dass diese „Herumsitzerei" doch nichts bringt. Vielleicht kannst du darüber lächeln? Oder sage ihm, dass er gerade Pause hat. Versuche stets, dir mit Wohlwollen und Respekt zu begegnen.

Mudras sind Meditationen mit einer besonderen Fingerhaltung. Du kannst mit ihrer Hilfe ein Stimmungstief vertreiben, Geborgenheit finden oder Spannungen loslassen.

Außerdem findest du in diesem Buch einige Yogaübungen, die dir zeigen, wie Achtsamkeit über den Körper erfahren werden kann. Jede Yogahaltung ist gleichzeitig eine kleine Meditationsübung.

Im letzten Teil möchte ich dich mit deiner Fantasie auf eine Reise schicken. Fantasiereisen sind visuelle

Meditationen. Die Natur in ihren verschiedenen Jahreszeiten bietet immer wieder Neues, das du betrachten kannst.

Lass dich durch die Reisen inspirieren, mal wieder allein spazieren zu gehen, mit wachen Augen die Schöpfung wahrzunehmen, aufs Detail zu achten, denn oft liegt das Berührende am Wegesrand.

Dich kann aber nur berühren, was du auch siehst. Vielleicht gelingt es dir, die Umgebung mit den Augen eines Kindes wahrzunehmen, voller Staunen und Neugierde.

Lies die Texte möglichst langsam, Satz für Satz. Gib deinem Kopf genug Zeit, Bilder zu visualisieren. Nimm wahr, wie du dein Alltagsbewusstsein loslassen und waches Gewahrsein empfinden kannst.

Bei den in *kursiv* geschriebenen Sätzen geht es um das Innehalten und Spüren. Ich wünsche dir ein reiches Erleben.

Unser Atem

„Es hat mir den Atem verschlagen" oder „mir ist die Luft weggeblieben". Kennst du diese Aussagen, die beschreiben, wenn du dich in Ausnahmesituationen befindest? Sie beschreiben, wenn du wie erstarrt, geschockt oder voller Angst bist.

Unser Atem ist das Bindeglied zwischen Körper und Geist. Ruhiger Atem gleich ruhige Gedanken und Entspannung. Schnelles, unruhiges Atmen gleich Anspannung und Druck. Unsere Atmung spiegelt unseren Gemütszustand wider. Emotionen wie Angst oder Freude beschleunigen ihn oder lassen ihn sogar aussetzen.

Umgekehrt können wir auch über die Beeinflussung des Atems unsere innere Verfassung ändern. Es lohnt sich, im Alltag immer wieder innezuhalten und zu beobachten:

Wie atme ich? Ist meine Atmung vollständig, also in Bauch, Brust und Lungenspitzen? Ist mein Atem gleichmäßig und fein? Sitze ich vielleicht zusammengesunken, so dass der Brustkorb zusammengedrückt wird? Stehe ich einseitig, so dass sich das Zwerchfell nicht richtig ausdehnen kann?

Bei einer zu flachen Atmung kann sich die gesamte Atemmuskulatur verspannen. Das sind die kleinen Muskeln, die die Atemwege ringförmig umschließen. Wenn sie sich nicht mehr entspannen, bleiben die Atemwege eng und können besonders die Ausatmung behindern. Beides kann die Atemfülle beeinträchtigen, so dass zu wenig Sauerstoff aufgenommen wird.

Die folgenden Atemübungen können den Kopf frei und dein Denken klarer und leichter machen.

Dem Atem lauschen

Komme in einen aufrechten Sitz. Das kann auf einem Stuhl, der Schneidersitz oder der Fersensitz sein. Richte dich so ein, dass du schmerzfrei sitzen kannst.

Der Rücken ist gerade aufgerichtet. Lasse die Wirbelsäule nach oben wachsen. Nehme das Kinn etwas zur Brust. Schließe die Augen. Lege den Kopf in den Nacken und atme tief ein. Kurze Atempause. Lege ausatmend das Kinn auf die Brust. Kurze Atempause. Wiederhole dies 3-4 Mal.

Werde der Beobachter deines Atems.

Beeinflusse ihn nicht mehr. Lass ihn feiner und feiner werden.

Spüre ihn in den Naseninnenwänden. Nehme die kalte Luft beim Einatmen wahr. Spüre die erwärmte Luft beim Ausatmen.

Achte auf jedes Detail. Konzentriere dich dann auf den Brustraum.

Spüre, wie sich das Zwerchfell beim Einatmen hebt.

Nehme dann den Atem im Bauchraum wahr.

Stell dir vor, wie sich der Bauchraum wie ein Ballon mit Luft füllt. Lausche deinem Atem.

Beende die Übung nach ca. 5 Minuten.

Wechselseitige Nasenatmung

Du sitzt mit geradem Rücken in einem Meditationssitz deiner Wahl. Die rechte Hand liegt locker im Schoß, du brauchst sie dazu nicht.

Schließe die linke Hand und strecke Daumen und Zeigefinger wieder aus. Halte die Hand vor deinem Gesicht.

Atme vorbereitend aus. Verschließe mit dem Zeigefinger das rechte Nasenloch und atme durch das linke Nasenloch ein.

Atem kurz anhalten, das linke Nasenloch mit dem Daumen verschließen, durch das rechte ausatmen.

Dann rechts einatmen, mit dem Zeigefinger verschließen, links ausatmen, links ein, rechts aus, rechts ein und so fort.

Der Daumen verschließt immer das linke Nasenloch, der Zeigefinger das rechte.

Es wird immer durch das gleiche Nasenloch eingeatmet, durch das gerade ausgeatmet wurde.

Nach ca. 2-3 Minuten beende die Übung und lege dich auf den Rücken.

Lass die Übung in der Entspannungslage nachwirken.

Wie fühlt sich die Atmung jetzt an?

VOR DEM SCHLAFENGEHEN

Vor dem Schlafengehen könntest du einen Tages-rückblick halten. Vom Abend an beginnend lasse deine Gedanken rückwärts gehen bis zum Morgen. Lasse den Tag noch einmal Revue passieren.

Übe dabei keine Kritik. Sehe dich eher als Zeugen. Vergangen ist vergangen. Verabschiede den Tag und lasse ihn ziehen. Morgen wartet ein neuer auf dich.

Thich Nhat Hanh empfiehlt vor dem Schlafengehen folgende Gedanken:

Lege dazu im Sitzen beide Hände überkreuzt auf die Brust. Sei mit deiner Aufmerksamkeit im Herz-raum.

Möge ich sicher und geborgen sein,

möge ich gesund und ohne Schmerzen sein,

möge ich mein Leben mit Leichtigkeit meistern.

Vielleicht willst du hier noch etwas hinzufügen, das dich gerade beschäftigt. Suche dir deine persön-lichen Nachtgedanken. Lass dir dieses Ritual zur Gewohnheit werden.

Denn alles, was wir denken und fühlen wird in unseren Zellen gespeichert. Welche Gedanken möchtest du auf deiner Festplatte haben?

DIE KRAFT DES AUGENBLICKS

Kennst du auch das Gefühl, dass deine Gedanken umher jagen, ohne dass du sie zur Ruhe bringen kannst? Vielleicht ist es auch eine Melodie, die sich im Kopf wie von allein immer wieder abspielt. Oder ist es einfach zu viel Input, der deinen Kopf zerspringen lassen will. Eine vermeintliche Möglichkeit ist, sich abzulenken, denn fernsehen oder lesen können die innere Unruhe nur kurzzeitig beseitigen.

Ein Mittel um diesen Gedankenstrom zu unterbrechen ist, indem du versuchst, ganz im jetzigen Moment zu sein. Gegenwärtig zu sein heißt, sich des Augenblicks ganz bewusst zu sein.

Im jetzigen Moment ist kein Gedanke, sondern Leere. Hast du schon einmal versucht, nach innen zu lauschen, den jetzigen Augenblick zu würdigen, ihm alle Aufmerksamkeit zu geben?

ÜBUNG

Du gehst in einen Sitz deiner Wahl. Der Rücken ist gerade aufgerichtet. Die Schultern sind unten und entspannt. Du lässt die Wirbelsäule nach oben wachsen. Das Kinn neigt sich etwas zur Brust.

Die Hände liegen im Schoß. Daumen und Zeigefinger jeder Hand berühren sich.

Die Augen sind geschlossen oder ca. zu 10% geöffnet und auf den Boden gerichtet.

Du verbindest dich mit dem Atem, lässt ihn feiner und feiner werden, ohne ihn zu beeinflussen. Richte deine Aufmerksamkeit nach innen.

Alles ist gut so, wie es ist.

Spüre die Kraft der Gegenwart von Augenblick zu Augenblick.

Da ist kein Gedanke. Sei in Frieden mit dir selbst.

Bleibe ca. 10-15 Minuten in der Stille und spüre nach. Wie geht es dir?

ENTSCHLEUNIGUNG

In unserer Leistungsgesellschaft ist es zur Gewohnheit geworden, alle Dinge schnell zu erledigen. Erster zu sein wird uns schon in der Schule als erstrebenswert beigebracht. Wenn uns immer weniger Zeit für immer mehr Arbeit zur Verfügung steht, fühlen wir uns gehetzt oder getrieben.

Du könntest dich fragen: Ist die Welt so hektisch oder mein Geist?

Dann ist es wichtig, mit Achtsamkeit einen „Stopp" einzulegen. Untersuchungen haben ergeben, dass achtsames Innehalten die Struktur unseres Gehirns verändert und auch den Alterungsprozess verlangsamt. Noch ein Grund mehr, damit zu beginnen.

ÜBUNG

Gehe mit deiner Aufmerksamkeit in die Brustmitte. Vielleicht magst du beide Hände auf die Brust legen.

Hebe das Kinn nach oben, bleibe 2-3 Atemzüge in dieser Haltung.

Senke das Kinn wieder, wachse aus der Wirbelsäule nach oben und nehme das Kinn wieder etwas in Richtung Brust.

Versuche jetzt, das Ausatmen zu verlängern. Zähle beim Einatmen bis 4 und beim Ausatmen bis 8. Mache die Lungen ganz leer, bevor du wieder einatmest.

Indem du das Ausatmen verlängerst, wird der Atem langsamer.

Übe etwa 8 Atemzüge lang.

Dann mache zusätzlich kleine Atempausen, nach dem Einatmen für etwa 3 Sekunden, und nach dem Ausatmen für 3 Sekunden. Übe wieder etwa 8 Atemzüge lang.

Spüre, wie du vom Tun zum Betrachten kommst. Was ist wirklich wichtig?

Es braucht nur wenige Minuten, um bei sich selbst anzukommen.

Spüre, wie dein Kopf frei wird.

In der eigenen Mitte sein

Im Gleichgewicht sein, in der eigenen Mitte sein –
Aussagen, die beschreiben, wenn du auf das Wesent-
liche zentriert bist. Dann fühlst du dich voller
Lebensenergie, kraftvoll, den Stürmen des Lebens
gewachsen.

Es stellt sich eine natürliche Selbstsicherheit ein.
Du bist dir deiner Selbst sicher.

Wenn du deine Mitte verloren hast, fühlst du dich
leer, ausgebrannt, kraftlos. Vielleicht hast du deine
Bedürfnisse zu oft hinten an gestellt. Vielleicht hast
du dir zu wenig Zeit genommen, dich um dich selbst
zu kümmern?

Die folgende Meditation kann dir helfen, deine
innere Batterie, aus der du deine Kraft schöpfst,
wieder aufzuladen.

Übung

Begib dich in einen Meditationssitz deiner Wahl.

Lass deinen Atem ruhiger und fein werden. Hebe vielleicht dein Kinn einmal ganz nach oben, bleibe 1, 2 Atemzüge in dieser Haltung, nehme dann dein Kinn wieder zurück und senke es etwas zur Brust. Schließe die Augen.

Ziehe in Gedanken einen symbolischen Kreis um dich. Stelle dir vor, der Kreis wird zu einer Scheibe.

Lasse die Scheibe aus hellem Licht bestehen. Du bist der Mittelpunkt.

Beim Einatmen strömt helles, weißes Licht von allen Seiten zu dir.

Stell dir vor, du nimmst das Licht in dir auf, lässt dich davon ganz durchdringen.

Spüre die Wärme vom Beckenboden bis zum Scheitel.

Ich bin der Mittelpunkt meines Lebens, alles was ich brauche, wird mir gegeben.

Bleibe für 5-10 Minuten in der Stille. Nehme dir anschließend etwas Zeit, die Übung nachwirken zu lassen.

Mitgefühl

Die meisten Menschen haben einen inneren Kritiker. Er meldet sich immer zu Wort, wenn etwas schiefgelaufen ist. Er sieht unsere Fehler und Unzulänglichkeiten und hält sie uns vor. Manchmal ist es schwer, ihn zum Stillschweigen zu bringen. Er kann uns das Leben oft schwer machen. Aber wir können ihm etwas entgegensetzen, nämlich Mitgefühl, Selbstannahme und Selbstliebe.

Jedes Verhalten, das uns leid tut, verdient Mitgefühl. Es gibt kein Licht ohne Schatten, niemand ist perfekt. Sich selbst anzunehmen mit seinen Schattenseiten, ist der nächste Schritt.

Lerne, achtsam und liebevoll mit dir umzugehen. Durch Verbundenheit mit sich selbst entsteht Selbstmitgefühl und Selbstliebe, eine Voraussetzung, um auch andere annehmen zu können, ohne zu verurteilen.

ÜBUNG MIT EINER AFFIRMATION

Affirmationen sind Leitsätze, Bekräftigungen, die auf unser Unterbewusstsein einwirken. Wenn du emotional in ein Gefühl verstrickt bist, von dem du dich nur schwer lösen kannst, kann die Meditation mit einer Affirmation deinem Leben eine neue, positive Richtung geben.

Der Entschluss sollte ein Ziel ausdrücken, das gerade in deinem Leben Bedeutung hat, gerade zu deiner jeweiligen Situation passt. Wichtig ist, dass der Satz sich stimmig anfühlt, wenn du ihn in Gedanken aussprichst.

Er sollte immer positiv formuliert sein, nicht mit „ich möchte nicht mehr" beginnen, sondern mit „ich bin" oder das gewünschte Ergebnis ausdrücken.

Sätze, die mit „ich bin" beginnen, haben schöpferisches Potenzial. Sie können die Grundlage für ein neues Bewusstsein werden. Hier sind einige Beispiele:

„Ich bin voller Selbstvertrauen".

„So, wie ich bin, bin ich vollkommen richtig."

„Ich verzeihe mir, es tut mir so leid."

„Ich bin frei in meiner Entscheidung".

„In Liebe lasse ich alles Vergangene los".

„Ich nehme mich an mit meinen Stärken und Schwä-chen".

„Ich bin einzigartig".

„Ich bin voller Lebensfreude".

„Ich bin stark".

„Ich bin in Frieden mit mir selbst".

Vielleicht findest du deine eigene, genau für dich passende Formulierung. Meditiere mit einem für dich passenden Leitsatz.

STILLE-MEDITATION

Ist die Um-Welt mal wieder zu laut? Sehnst du dich nach Stille? Dann kannst du die folgende Meditation ausprobieren:

Du gehst in einen Sitz deiner Wahl. Atme 1, 2 Mal tief ein und aus. Lasse dann den Atem geschehen, ohne etwas dazu zu tun.

Es atmet dich. Spüre, wie der Atem langsam immer feiner wird.

Die Bauchdecke hebt und senkt sich.

Du kannst spüren, wie die Entspannung durch die Beine, das Becken, den Rücken fließt und die Nackenmuskulatur sich entspannt.

Stell dir nun vor deinem geistigen Auge ein Dreieck vor, mit der Spitze nach oben zeigend.

Von der Spitze führt eine Treppe mit 5 Stufen nach unten. Mit jedem Atemzug gehst du eine Stufe nach unten, bis du bei 0 angekommen bist.

Sage dir: Ich werde Stufe für Stufe

    immer ruhiger
    immer schwerer
    immer entspannter
    immer mehr loslassend
    in mir ist nichts als Stille.

Die Stille legt sich wie ein warmer Mantel um dich.

Fühle die Stille im Brustraum. Verweile für einige Minuten dort.

Zum Beenden der Übung bist du wieder an der untersten Stufe deiner Treppe, auf der du Stufe um Stufe wieder zurückkehrst. Atme einige Male kräftig ein und aus, bis du oben angekommen bist, ganz wach und erfrischt.

Dankbarkeit

Kennst du auch diese Tage, in denen du mit dem Leben, mit dir und überhaupt unzufrieden bist? Dabei hat dir niemand versprochen, dass es in deinem Leben nur Sonnentage gibt.

Du siehst nur, was fehlt, statt dich über das zu freuen, was du alles hast und bist. Abhilfe schafft, Dankbarkeit zu entwickeln. Sie ist eine wichtige Quelle, aus der du neue Energie schöpfen kannst.

Dir fällt im Moment nichts ein? Wie wäre es, wenn du eine Liste machst? Ich bin dankbar

dass ich in einem sicheren Land lebe,

dass ich gesund bin,

dass ich eine schöne Wohnung habe,

dass ich mich gut ernähren kann,

dass ich in einer glücklichen Beziehung bin,

dass ich gesunde Kinder habe,

dass ich einen Freundeskreis habe.

All das ist nicht selbstverständlich. Schätze es wert.

ÜBUNG

Komme in einen Meditationssitz nach deiner Wahl.
Gehe mit deiner Aufmerksamkeit in den Brustraum,
zum Punkt in der Mitte der Brust.

Spüre diesen Raum, die Stille dort. Verbinde dich
mit dem Atem, indem du ihn eine Weile beobachtest. Meditiere mit dem Satz:

Ich bin dankbar für mein reiches Leben.

Lass diesen Satz auf dich wirken, nehme ihn in dir
auf. Schließe ihn im Herzen ein.

Spüre, wie reich dein Leben ist.

Vielleicht fällt dir noch mehr ein, für das du dankbar sein kannst.

HERZMEDITATION

„Mir ist das Herz aufgegangen", „mein Herz wurde schwer", „ ein Herz aus Stein haben", „von Herzen alles Gute wünschen", „sich etwas zu Herzen nehmen".

Sicher kennst du die Aussagen, die ausdrücken, wenn dich etwas sehr berührt. Unser Herz steht im übertragenen Sinn für unsere Emotionen und natürlich für die Liebe, die größte und mächtigste Kraft in uns. Sie lässt uns die größten Taten vollbringen oder die schlimmsten Dinge tun.

Wenn du dich in dein Herz zurückziehen kannst, fühlst du dich bei dir zuhause. Hier wohnt das Fühlen und das reine Sein.

Je mehr Selbstliebe du für dich entwickelst, desto mehr strahlst du aus, was dich liebenswert für andere macht.

ÜBUNG

Du richtest deine Aufmerksamkeit auf die Mitte der Brust, dein Herzzentrum. Ein Raum, fühlbar als göttlicher Funken.

Du sammelst deine Konzentration in diesem Raum, lässt die Gedanken einpunktig werden.

Du stellst dir vor, dass der Raum in deiner ganzen Brust weit und von strahlend hellem Licht erfüllt wird.

Meditiere mit dem Satz:

„Ich liebe mich selbst, nehme mich an und schätze mich für alles, was ich bin".

Bleibe noch eine Weile in deinem Herzzentrum.

Fühle die Energie, die dich ausfüllt und umgibt.

Harmonie und Ordnung

Die Kraft, die eine innere Ordnung schafft, heißt im Yoga SATTVA. Sie steht dafür, etwas geschehen zu lassen und zu akzeptieren, damit überhaupt eine Veränderung geschehen kann.

Jede Lebensform bewegt sich nach einer bestimmten Ordnung oder Gesetzmäßigkeit, z.B. eine unberührte Natur, die ohne ein Eingreifen des Menschen wachsen durfte. Sie strahlt eine Einheit der Vielfalt aus, ein Zusammenspiel der Pflanzen in höchster Vollendung.

Auch im menschlichen Körper wirkt so ein ordnendes Prinzip. Im natürlichen, gesunden Körper wirken Zellen, Organe, die Kreislaufsysteme in einem harmonischen Gleichgewicht zusammen.

Wird dieses Gleichgewicht z.B. durch negative, belastende Gedanken und Gefühle gestört, kann es auf der Körperebene als „Krankheit" sichtbar werden.

„Es kommt schon wieder in Ordnung" heißt auch, darauf zu vertrauen, dass alles wieder ins Lot kommt. Unser Leben ist wie ein Fluss, immer in Bewegung und Veränderung.

Manchmal müssen wir die Dinge einfach so lassen, wie sie sind. Akzeptieren, was ist, weil die Zeit für eine Veränderung noch nicht da ist.

Übung

Begib dich in deinen Meditationssitz. Atme einige Male ein und aus. Lass den Atem ruhiger und feiner werden, ohne ihn zu beeinflussen.

Die Schultern sind unten, die Hände im Schoß. Lege die mittleren Fingerknöchel beider Hände aneinander, strecke nur die Mittelfinger aus, so dass sich die Spitzen berühren.

Lege die Daumen aneinander, die Spitzen der Daumen zeigen zu dir, die Spitzen der Mittelfinger nach oben. Zwischen Daumen und Zeigefingern ist ein Herz entstanden.

Diese Fingerhaltung steht für Harmonie und Ordnung.

Stell dir eine Linie vom Steißbein bis zum Scheitel vor.

Beim Einatmen wandere vom Steißbein bis zum Scheitel.

Halte den Atem 1 bis 2 Sekunden an. Ausatmend gleitet das Bewusstsein zurück. Kurze Atempause und wiederholen.

Der Beginn
liegt in der Bereitschaft
zu einer Blume zu wachsen
die weit dem Licht geöffnet ist,
zur Mitte sich neigt
in Anerkennung und Hingabe.

Heinz Grill

GEHMEDITATION

> Im Gehen meditieren heißt, das
> Gehen genießen – kein Gehen,
> um anzukommen, sondern um zu
> gehen.
>
> *Thich Nhat Hanh*

Meditation muss nicht zwangsläufig im unbewegten
Zustand praktiziert werden, sondern kann auch in
Bewegung erfolgen.

Gehe spazieren, um zu gehen, nicht um anzukommen. Such dir einen einsamen Weg in der Natur,
bei dem du möglichst niemandem begegnen wirst.
Die Strecke sollte eben und flach sein, nicht holprig
oder bergauf führen.

Beginne damit, deine Atmung den Schritten an-
zupassen. Etwa: 2 Schritte einatmen, 3 Schritte
ausatmen. Lass dir Zeit, deinen eigenen Rhythmus
zu finden. Vielleicht kannst du die Anzahl der
Schritte auf 3 beim Ein- und 4 beim Ausatmen
ausdehnen.

Nimm wahr, wie dein Atem fließt, verbinde dich mit ihm.

Achte darauf, wie du den Fuß hebst, vorstreckst und aufsetzt. Spüre das Abrollen des Fußes. Gib jedem Schritt Aufmerksamkeit.

Nimm die Umgebung wahr, den Weg, auf dem du gehst, den Wegrand, die Gräser, Büsche, Bäume rechts und links des Weges.

Du machst jeden Schritt ganz bewusst. Körper, Seele und Geist sind ganz verbunden.

Gehe solange, wie du dich bei der Meditation wohl fühlst.

Geniessen ist mehr als Essen

In unserer schnelllebigen Zeit ist eine Esskultur entstanden, die sich meist nur auf das Aufnehmen von Nahrung beschränkt. Oft haben wir zu wenig Zeit, den Tisch schön zu decken, die Nahrung langsam zuzubereiten, und achtsam das Essen zu genießen.

Vielleicht essen wir auch unregelmäßig oder mehr als unser Körper braucht. Kennst du auch Heißhungerattacken, die dich nur schnell etwas in den Mund schieben lassen?

Durch Achtsamkeit beim Essen kannst du lernen, mehr Genuss in dein Leben zu bringen, aus einer Mahlzeit wieder ein sinnliches Erlebnis zu machen. Das kann schon gelingen, wenn du

> langsamer isst,
> in kleinen Bissen,
> lange kaust,
> lange schmeckst.

Suche dir etwas aus, vielleicht eine Erdbeere, eine Himbeere, eine reife Tomate.

Betrachte sie achtsam,
sieh dir jedes Detail an,
Farbe, Form,
rieche daran,
beiße nur ein kleines Stück ab,
schmecke die Konsistenz,
wie fühlt es sich im Mund an?
Spüre den süßen Saft,
schmecke die Aromen,
kaue lange,
lasse sie langsam im Mund zergehen.

Genieße mit allen Sinnen!

MEDITATION NACH THICH NHAT HANH

Gehe wieder in einen Sitz deiner Wahl. Richte den Oberkörper auf, so dass der Atem frei fließen kann.

Die Hände liegen im Schoß, die Handinnenflächen zeigen nach oben, die rechte Hand liegt in der linken, die Daumenspitzen berühren sich sanft.

Lasse die Schultern nach unten sinken, die Ellenbogen sind unter den Schultern. Wölbe die Brust ein bisschen vor, lasse das Kinn etwas zur Brust sinken.

Schließe die Augen oder wenn es dir schwerfällt, lasse sie einen winzigen Spalt geöffnet, den Blick auf den Boden gerichtet.

Atme ein- zweimal tief ein und aus.

Einatmend hebt sich das Herzzentrum, ausatmend sinken die Arme noch weiter nach unten.

Einatmend nehme ich meinen ganzen Körper wahr.
Ausatmend nehme ich meinen ganzen Körper wahr.

Einatmend lasse ich Körper und Geist ruhig und friedvoll werden. Ausatmend lasse ich Körper und Geist ruhig und friedvoll werden.

Einatmend empfinde ich ein Gefühl der Freude. Ausatmend empfinde ich ein Gefühl der Freude.

Einatmend lasse ich meinen Geist glücklich und leicht werden. Ausatmend lasse ich meinen Geist glücklich und leicht werden.

Einatmend beobachte ich das Erlöschen aller Wünsche. Ausatmend beobachte ich das Erlöschen aller Wünsche.

Einatmend betrachte ich das Loslassen. Ausatmend betrachte ich das Loslassen.

Bleibe noch eine Weile in dieser Achtsamkeit und lasse die Übung nachwirken.

Verwurzelt sein wie ein Baum

Begib dich in den Lotussitz, Schneidersitz oder Fersensitz, spüre deinen Kontakt zum Boden.

Wölbe deine Brust etwas vor, lasse die Schultern nach unten sinken. Deine Hände liegen auf den Oberschenkeln.

Lege die Spitze des Daumens und des Zeigefingers jeder Hand zusammen. Die übrigen Finger sind locker aufgefächert.

In Gedanken ziehst du einen Kreis um dich. Ziehe den Kreis wie einen Kegel nach oben. Es kann ein Schutzkreis sein, in dem du dich ganz geborgen fühlst.

Du spürst die Erde unter dir, stellst dir vor, du bist ein Baum. Dein Körper ist der Baumstamm, dick und hoch.

Lasse Wurzeln in das Erdreich unter dir wachsen.

Dicke Wurzeln treiben nach unten, zur Seite, nach hinten und nach vorn, verzweigen sich zu dünneren Wurzeln, die immer feiner werden.

Du bist fest verwurzelt, kein Sturm kann dir etwas anhaben. Nichts kann dich umwerfen.

Nun gehst du gedanklich den Stamm hinauf, spürst seine Oberfläche.

Ist sie glatt wie eine Buche oder rau, rissig wie eine Eiche?

Dein Blick geht nach oben und lässt dicke Äste wachsen, nach oben, zur Seite. Sie verzweigen sich immer wieder, bis eine große Krone entstanden ist.

Blätter wachsen an den Zweigen, verschiedene Grüntöne entstehen.

Leise bewegen sich die Blätter im Wind. Warme Sonnenstrahlen scheinen durch die Krone, nähren dich.

Du spürst Leichtigkeit und Beweglichkeit und gleichzeitig Festigkeit und Stabilität.

KÖRPERBEWUSSTSEIN IM STEHEN

Hast du schon einmal gespürt wie du stehst? Beginne bei den Füßen.

Die Füße stehen fußbreit auseinander. Spüre das Großzehengrundgelenk, die Außenkanten und die Fersen. Nimm auch das Fußgewölbe wahr.

Lasse die Waden nach außen und die Oberschenkel nach innen rotieren. Die Knie sind leicht gebeugt.

Wandere weiter zum Becken, ziehe den Beckenboden nach innen und oben.

Beobachte, wie die Wirbelsäule sich aufrichtet, sich Wirbel für Wirbel dehnt.

Lasse die Schultern nach unten und hinten sinken. Schiebe die Schulterblätter etwas zusammen.

Der Kopf wird mit Leichtigkeit vom Hals getragen, kann sich wie von selbst nach allen Seiten bewegen.

Schicke dir selbst ein Lächeln, das sich bis zu den Füßen ausbreitet.

Fühle das Körpergewicht auf den Fußsohlen.

Ich stehe fest und sicher auf dem Boden, spüre meinen Körper von den Fußsohlen bis zum Scheitel.

BODYSCAN MIT ATEMGEWAHRSEIN

Diese Übung stammt aus dem Yoga-Nidra. einer Yogaform, die der Tiefenentspannung dient. Beim Bodyscan wanderst du achtsam durch den Körper, nimmst jedes kleine Körperteil 1 oder 2 Sekunden wahr und gehst dann weiter.

Du liegst auf dem Rücken, die Arme neben dir, die Beine in bequemem Abstand voneinander. Schließe die Augen. Nehme deinen Atem wahr, ohne ihn zu beeinflussen. Du solltest dich während der Übung möglichst nicht bewegen, ganz still liegend durch den Körper wandern.

Du gehst mit deiner Aufmerksamkeit zum

> Scheitelpunkt,
>
> zur Stirn,
>
> zu den Augen,
>
> zu den Wangen,
>
> zur Nase,
>
> zu den Nasenöffnungen.

Atme dreimal bewusst durch die Nasenöffnungen
tief ein und aus, nehme den Luftstrom in den
Nasenwänden wahr.

> Komme zum Mund,
>
> zu den Mundwinkeln,
>
> zum Kiefer,
>
> Kinn,
>
> Nacken,
>
> zu den Schultern,
>
> den Oberarmen,
>
> den Ellenbogen,
>
> den Unterarmen,
>
> den Handgelenken,
>
> den Händen,
>
> den Fingern,
>
> den Fingerkuppen.

Atme dreimal so, als würdest du durch deine Fin-
gerkuppen ein und ausatmen.

> Wandere über die Hände,
>
> Unterarme,
>
> Ellenbogen,
>
> Oberarme,
>
> wieder zu den Schultern,
>
> zum Nacken,
>
> zur Brust,
>
> zum Punkt in der Mitte der Brust.

Stell dir vor, du würdest durch den Punkt in der Mitte der Brust ein und ausatmen.

> Du gehst weiter zum Bauch,
>
> zum Unterleib,
>
> zu den Leisten,
>
> Oberschenkeln,
>
> zu den Knien,
>
> Unterschenkeln,
>
> Fußgelenken,
>
> Füßen,
>
> Zehen,
>
> Zehenspitzen.

Stell dir vor, du atmest dreimal mit den Kuppen der Zehen ein und aus.

Danach stellst du dir vor, dass der Atem durch jede Zelle deines Körpers fließt. Die gesamte Hautoberfläche deines Körpers atmet.

Dein Körper sollte sich jetzt neu energetisiert und im Einklang mit Geist und Seele anfühlen. Versuchen!

LENKE DIE ENERGIE

Wähle dir einen aufrechten Sitz deiner Wahl. Lege die Hände auf die Knie, die Handinnenflächen zeigen nach oben.

Atme tief bis zur Stirnmitte ein und schließe die rechte Hand zur Faust.

Atme im Geist über die linke Kopfseite, die Schulter und in den linken Arm aus.

Atme über die linke Seite wieder ein bis zur Stirn. Schließe die linke Hand zur Faust.

Öffne die rechte Handfläche nach oben. Atme im Geist über die rechte Kopfseite, die Schulter und den Arm aus.

Atme über die rechte Seite ein. Schließe die rechte Hand zur Faust und öffne die linke Handfläche. Atme über die linke Seite aus.

Fahre in deinem Atemrhythmus so fort. Übe für ca. 5 Minuten.

Die Übung wirkt beruhigend und macht den Kopf frei, lässt Spannungen über den Körper abfließen.

Mudras –
Fingerhaltungen

Mudra ist ein Sanskritwort und kann übersetzt werden mit „Siegel". Die Silbe „mud" bedeutet „Freude" und „ra" steht für „auslösen". Ist es nicht eine schöne Vorstellung, dass du mit einer Fingerhaltung Freude auslösen kannst?

Aber nicht nur das, es ist sogar möglich, damit Einfluss auf deine Gedanken und deine Stimmungslage zu nehmen.

Es gibt für fast alle Gefühlslagen Mudras. Sie können dir helfen, aus einer negativen Verfassung wieder herauszukommen, Ruhe oder Kraft und Stärke aufzubauen. Du hast es buchstäblich in der Hand, wieder in dein Gleichgewicht zu kommen.

Begib dich in deinen Meditationssitz. Gewöhne dir an, zwischen Armen und Oberkörper immer ein wenig „Luft" zu lassen. Das macht den Atemraum weiter.

Nehme die Fingerhaltung ein, schließe die Augen.

Beobachte eine Weile deinen Atem. Lasse die Haltung und die Affirmation auf dich wirken.

Wenn du bemerkst, dass die Gedanken abschweifen, hole dich einfach immer wieder zurück.

In sich geborgen sein

Halte die Hände vor deinem Herzen. Lege die Hand-
gelenke und die Daumen aneinander. Forme die
Finger zu einem schützenden Dach darüber, so
dass die Fingerspitzen sich sanft berühren.

Ich bin stabil und stark, flexibel und weich.

Zentriert sein

Massiere zunächst deine Hände, als ob dir etwas
kalt wäre. Lege alle Finger der rechten Hand in
die Handfläche der linken Hand. Beuge die Finger der linken Hand darüber. Stecke den linken
Daumen ebenfalls nach innen. Halte die Hände in
Magenhöhe.

Ich konzentriere mich auf mich selbst.

STIMMUNGSTIEF VERTREIBEN

Lege die Daumen an das unterste Glied der jeweiligen Ringfinger. Füge dann die beiden Spitzen der Ringfinger und kleinen Finger zusammen. Die übrigen Finger sind leicht gebeugt.

Ich bin voller Zuversicht und Vertrauen.

WUT UND ÄRGER LOSLASSEN

Halte mit allen Fingern der rechten Hand den Mittelfinger der linken Hand. Der rechte Daumen liegt dabei in der Mitte der linken Hand. Nach 2, 3 Minuten wechsle die Handhaltung.

Meine Wut löst sich mehr und mehr auf.

LÖSEN VON SPANNUNGEN

Verschränke die Hände und spüre die Fingerspitzen auf den Handrücken. Ziehe die Hände locker wieder etwas auseinander, so dass die Daumen sich nicht mehr berühren. Lasse die Hände sanft auf dem Bauch oder den Oberschenkeln ruhen.

Ich bin völlig gelöst und voller Wohlbehagen.

GEGEN NERVOSITÄT

Beuge die Spitzen der Zeigefinger und lege sie an die oberen Daumengelenke, so dass die Daumenkuppe auf den jeweiligen Zeigefingernägeln liegt. Lege die Hände locker in den Schoß. Verlängere das Ausatmen.

Ich tauche ein in Stille und Frieden.

Sanftes Yoga zur Entspannung

Yoga ist eine wunderbare Möglichkeit, Achtsamkeit über den Körper zu üben. Hast du schon einmal Yoga ausprobiert? Sage jetzt nicht, dass du eventuell zu unbeweglich bist. Jeder kann Yoga üben.

Yoga ist ein Wort aus dem Sanskrit und kann mit „Anbinden" übersetzt werden. Gemeint ist ein Anbinden oder zur Ruhe bringen der Gedanken (Geist) und des Gemüts (Seele). Der Körper gibt eine Haltung vor und die Gedanken folgen.

Du kannst bei den Übungen deinen Körper erfahren, die Grenzen, die er dir setzt, spüren und annehmen. Jedes Leistungsdenken ist fehl am Platz. Es geht um ein „Zu-sich-kommen" im wahrsten Sinn des Wortes.

Im Yoga gibt es Vorbeugen, Rückbeugen und Stellungen, bei denen die Wirbelsäule in sich gedreht wird.

Entlang der Wirbelsäue verläuft der größte Nerven/Energiekanal. Durch das Drehen, Vorbeugen oder Rückbeugen wird die Energiezufuhr zunächst erschwert, gleich einem Gartenschlauch, auf den ich meinen Fuß stelle. Beim „Lösen" kann die Energie dann mit vermehrter Kraft fließen.

Jede Yogastellung, die Asana heißt, wird achtsam eingenommen und für ca. 8 - 10 Atemzüge gehalten. Während des Haltens der Stellung verbindest du dich mit dem Atem, lässt ihn tief in den Bauch fließen und richtest deine Aufmerksamkeit auf die Übung. Wenn du magst, schließt du dabei die Augen.

Auch das Herausgehen, das Auflösen der Übung, erfolgt wieder mit Achtsamkeit. Dann werden alle Muskeln, die du vorher angespannt hattest, bewusst entspannt. d.h. du gibst auch der Entspannung wieder Aufmerksamkeit. Die folgenden sanften Yogaübungen sind auch für Ungeübte geeignet und können in jedem Alter ausgeübt werden. Dann kann es ja losgehen.

LIEGENDER BERG

Lege dich auf den Rücken. Spüre die Rückseite deines Körpers von den Füßen bis zum Kopf.

Lege die Hände zusammen und verschränke die Daumen. Strecke beide Arme am Boden entlang weit hinter den Kopf.

Die Füße sind geschlossen. Atme ein und gehe mit den Armen noch weiter in die Streckung nach hinten. Halte den Atem kurz an und spüre bis zu den Fingerspitzen.

Spüre die Dehnung an den Körperseiten. Ziehe den Bauchnabel nach innen. Atme aus und löse die Arme ein wenig.

Wiederhole die Übung etwa 8 mal. Einatmend nach hinten strecken, ausatmend ein wenig lösen.

Der Atem führt die Übung.

KROKODILSDREHUNG

Alle Stellungen, bei denen die Wirbelsäule in sich gedreht wird, wirken beruhigend auf das Nervenkostüm.

Ausgang ist die Rückenlage. Stelle deine Füße nah beim Po auf. Schlage das rechte Bein über das linke.

Strecke den rechten Arm seitlich aus, Handinnenfläche nach unten.

Atme ein und lasse ausatmend beide Beine nach links fallen. Lege die linke Hand auf das rechte Knie und drücke es sanft nach unten.

Drehe den Kopf nach rechts.

Spüre die Dehnung in der rechten Hüfte. Halte die Stellung etwa 8 Atemzüge lang. Atme tief in den Bauch.

Komme mit den Beinen wieder zur Mitte. Schlage das linke Bein über das rechte und übe zur anderen Seite.

Entspanne in der Rückenlage. Bleibe präsent bis ins kleinste Körperteil.

Liegender Halbmond

Du liegst auf dem Rücken. Komme mit beiden Beinen in eine mittlere Grätsche. Strecke beide Arme gleichermaßen gegrätscht hinter dem Kopf aus.

Lege nun den rechten Fuß zum linken Fuß. Führe hinter dem Kopf den rechten Arm zum linken Arm. Fasse die Fingerspitzen und ziehe ihn so weit wie möglich nach links. Der Kopf dreht ein wenig mit.

Dein Körper liegt jetzt ähnlich wie ein Halbmond auf dem Boden.

Spüre die Dehnung in der rechten Körperseite.

Achte auf einen tiefen, langsamen Atem. Bleibe für 8-10 Atemzüge in dieser Haltung.

Übe dann zur anderen Seite.

Vorbeuge aus dem Yin-Yoga

Die sanften Übungen aus dem Yin-Yoga wirken auf die tieferliegende Muskulatur und sind sehr entspannend. Sie werden mindestens für 2-4 Minuten gehalten.

Du sitzt auf dem Boden, der Rücken ist gerade. Die Füße sind ca. 50 cm vor dir auf dem Boden aufgestellt.

Verschränke unter den Kniekehlen deine Arme und fasse die beiden Ellenbogen. Beuge den Oberkörper nach vorn, so dass er auf den Oberschenkeln liegt.

Schiebe nun beide Fersen immer weiter nach vorn, ohne den Oberkörper von den Beinen zu lösen.

Strebe mit dem Kopf immer weiter Richtung Füße. Vielleicht kannst du beide Unterarme auf dem Boden ablegen.

Verbinde dich mit dem Atem. Lasse den Oberkörper immer weiter nach unten sinken.

Bleibe mindestens 2 Minuten in dieser Haltung.

SCHULTERBRÜCKE

Lege dich auf den Rücken. Stelle beide Füße nah beim Po etwa hüftbreit geöffnet auf. Fasse die Fußgelenke und ziehe sie nochmals dicht heran. Die Arme liegen neben dem Körper.

Atme ein und hebe das Becken an. Verschränke die Finger mit gestreckten Armen unter dem Po.

Ziehe die Schulterblätter zusammen und wölbe die Brust nach oben. Drücke die Füße in den Boden.

Hebe das Brustbein nochmals nach oben. Spüre das Gewicht auf den Fußsohlen. Lasse den Atem tief in den Bauch fließen.

Bleibe etwa 6 -8 Atemzüge in der Stellung. Lege dann langsam Wirbel für Wirbel erst den Rücken und dann das Becken wieder ab.

Strecke beide Beine aus. Gib der Entspannung in der Rückenlage genau soviel Aufmerksamkeit. Bleibe mit deinen Gedanken im Körper.

Wiederhole nach einer Pause die Übung noch einmal.

SPHINX

Komme in die Bauchlage und stütze dich auf die Unterarme. Lege die Unterarme auf, so dass die Ellenbogen unter den Schultern sind.Beide Hände zeigen nach vorn.

Lege den Kopf in den Nacken. Drücke die Brust nach oben und hinten. Lasse das Becken in den Boden sinken.

Der Kopf strebt nach oben. Spüre zu den Füßen hin und lasse sie nach hinten „wachsen".

Atme langsam und tief in den Bauch.

Bleibe für etwa 8 Atemzüge in dieser Stellung.

Gehe dann ganz langsam wieder in die Bauchlage.

Lege die Hände vor dir übereinander und den Kopf auf die Hände.

Gib alle Spannung an den Boden ab. Nehme das Loslassen wahr.

Wiederhole die Übung noch ein 2. Mal.

Halber Schulterstand

Du liegst auf dem Rücken. Strecke beide Beine nach oben. Neige sie etwas Richtung Kopf.

Hebe auch dein Becken an. Stütze die Hüften mit den Händen ab, das Gewicht auf den Ellenbogen liegend.

Führe die Ellenbogen möglichst dicht zusammen.

Lasse den Atem tief in den Bauch fließen. Gehe mit deiner Aufmerksamkeit in die Brustmitte.

Halte die Übung für mindestens 10 Atemzüge.

Zum Herausgehen beuge die Knie erst in Richtung Kopf, bevor du den Rücken wieder ablegst.

Lege langsam Wirbel für Wirbel ab.

Spüre in der Rückenlage nach.

Wenn du möchtest, kannst du auch die Füße aufstellen und beide Knie zueinander fallen lassen. (Bei Bluthochdruck bitte nicht üben.)

FANTASIEREISEN

Frühlingserwachen

In deiner Fantasie machst du einen Spaziergang in den nahegelegenen Wald. Du bist diesen Weg schon oft gegangen. Kennst jeden Busch und jeden Baum.

Die Luft ist wohltuend mild. Ein leichter Frühlingswind weht dir ins Gesicht.

Der Weg führt an einem Feldkreuz vorbei. Ein Wildrosenstrauch schmückt seinen Fuß. Rotleuchtende Hagebutten hängen noch an den Ästen. Hier biegst du ab in den Wald.

Der Hochwald umfängt dich mit Ruhe. Hin und wieder ist ein Vogel zu hören. Langsam und bedächtig setzt du deine Schritte, möchtest entschleunigen.

An einer Lichtung wird der Waldboden weich und torfig. Große Grasbüschel bedecken den Boden.

Von weitem leuchtet dir eine strahlend weiße Fläche entgegen. Neugierig gehst du ein Stück vom Weg ab in den Wald.

Auf einer weiten Fläche stehen hunderte von Märzenbechern in Büscheln zusammen. Üppig, wie ein von Menschenhand gepflanzter Garten.

An langen Stielen baumeln ihre weißen, gezackten Glöckchen.

Was für ein Blütenmeer! Ihre Schönheit berührt dich.

Du fühlst dein Herz weit werden. Empfindest Dankbarkeit für die Fülle, mit der uns die Natur beschenkt.

Die Dinge sind nie so, wie sie sind. Sie sind immer das, was man aus ihnen macht.

Jean Anouilh

Dem Wasser übergeben

In deiner Fantasie wanderst du einen Fluss entlang. Mal schmaler, mal breiter werdend fließt er langsam durch eine grüne Landschaft.

Sein Ufer schmücken Büsche mit Sommerflieder und Margeriten.

Ein Stockentenpaar schwimmt dicht nebeneinander her. Der Enterich mit seinem grünschillernden Gefieder hat Mühe ihr zu folgen.

Du bleibst stehen und beobachtest sie eine Weile. Auf einem aus dem Wasser ragenden Baumstamm lassen sie sich nieder und beginnen sich zu säubern.

Nach einer Weile stecken sie ihre Schnäbel ins Gefieder und schließen ihre Augen. Das rauschende Wasser um sie herum scheint ihren Schlaf nicht zu stören.

Du betrachtest das ständige Fließen ohne Anfang und ohne Ende.

In Gedanken beschließt du, alles Negative, Belastende, alles was du nicht mehr brauchst, dem Fluss zu übergeben.

Warum noch an bereits Vergangenem festhalten?

Du spürst, wie alles Schwere davon treibt, immer kleiner wird, bis es schließlich ganz verschwunden ist.

Ein Gefühl von Freiheit entsteht in dir. Alles Schwere ist abgefallen. Du bist frei.

Erst wenn du deine
Lebensgeschichte, allen
vergangenen Kummer
losgelassen hast, kann dein Geist
zur Ruhe kommen.

———————————

Jack Kornfield

SÜDTIROL

In deiner Fantasie bist du in einem Kurzurlaub in Südtirol. Das Dorf deiner Pension liegt auf 1000 m Höhe. Die Fahrt dorthin ist schon ein Erlebnis.

Serpentinen schlängeln sich den Berg hinauf. Längs der Straße über und unter dir grüne Wiesen, unterbrochen von Weidenzäunen. Der blauweiße Himmel ist klar und sonnig.

Braungefleckte Kühe weiden auf steilen Abhängen.

Jede trägt eine Glocke in unterschiedlicher Größe und Klang. Eine ungewohnte, doch beruhigende Musik für deine Ohren.

Außerhalb des Dorfes stehen einzelne über hundert Jahre alte Höfe. Wie viele Generationen dort wohl schon lebten?

Ein Wanderweg führt direkt durch ein altes Gehöft zwischen Wohnhaus und Kuhstall hindurch. Auf einer Bank vor dem Wohnhaus sitzen 2 alte Menschen, eine Frau und ein Mann.

Der Mann ist in seine Sonntagstracht gekleidet. Er trägt ein weißes Hemd unter einer bestickten Weste.

Auf dem Kopf ein Trachtenhut mit einem Gamsbart. Er hat die groben, abgearbeiteten Hände in den Schoß gelegt.

Die Frau trägt ein schwarzes, einfaches Dirndl mit einer rotverzierten Brustpasse, darüber ein blaugemustertes Umschlagtuch. In ihren sanften Gesichtszügen kann man ihre frühere Schönheit noch erkennen.

Ganz friedlich sitzen sie ohne Worte nebeneinander und schauen in die Ferne. Ohne den Blick zu ändern nimmt er ihre Hand in die seine, streichelt mit der anderen Hand ihren Handrücken und legt sie nach einer Weile zurück in ihren Schoß.

Welche Zärtlichkeit in dieser Geste!

Deine Gedanken sind still geworden. Du kannst deinen Herzschlag spüren. Körper, Geist und Seele sind ganz verbunden.

Wir können uns nicht aussuchen, was uns im Leben alles passiert, aber wie wir darauf reagieren.

unbekannt

Gesicht im Spiegel

Du nimmst dir Zeit, dein Gesicht im Spiegel zu betrachten. Du willst nicht werten, nur wohlwollend schauen, etwa so, wie du das Gesicht einer lieben Freundin/eines lieben Freundes betrachten würdest.

Deine Gesichtszüge sind weich, ganz entspannt.

Du siehst deine Stirn, den sanften Schwung deiner Augenbrauen, deine Augen, nimmst die Farbe der Augen wahr.

Siehst deine Nase, deine Wangen, deinen Mund, die weiche Zartheit der Lippen.

Vielleicht siehst du eine Besonderheit, einen Leberfleck, die Form deiner Ohrläppchen.

Du freust dich über dich selbst, lässt ein sanftes Lächeln entstehen.

Dir wird deine Einzigartigkeit bewusst.

Niemand hat die gleichen Züge, die gleichen Augen, den gleichen Mund.

Du betrachtest die Gesamtheit deines Gesichtes, die Harmonie, die es ausstrahlt.

So wie du bist, bist du einzigartig und richtig. Du nimmst dich an, nachsichtig, liebevoll.

Kritische Menschen ziehen oft eine Menge Kritik auf sich. Denn was wir geben, erhalten wir zurück.

unbekannt

Strandwanderung

In deiner Fantasie bist du an einem stürmischen Tag am Meer. Von weitem hörst du das Meeresrauschen.

Einige Möwen fliegen schreiend davon. Der Strand ist menschenleer.

Der Wind wirbelt kleine Wassertropfen auf. Sie legen sich als feiner Sprühnebel auf dein Gesicht.

Du atmest tief ein, schmeckst die salzige Luft.

In langsamen Schritten läufst du gegen den Wind an. Du magst das raue, herbe Klima der Küste.

Auf den Wellen tanzen weiße Schaumkronen. Die an den Strand rollenden Wellen lassen weiße Gischt zurück. Du schaust der tosenden Brandung zu.

Der weite Strand wird von einer Gruppe von Felsen unterbrochen.

Zwischen zwei großen Felsen findest du Schutz vor dem Wind. Du lehnst dich mit deinem Rücken an und ruhst aus.

Hier bist du geborgen und geschützt. Der Wind kann dir nichts mehr anhaben.

Dein Blick geht bis zum Horizont. Himmel und Meer scheinen ineinander zu verschwimmen.

Ein Gefühl von Weite und Freiheit ist in dir. Du fühlst dich als Teil der Natur, ganz mit ihr verbunden.

Das wahre und sichtbare Glück des Lebens liegt nicht außer uns, sondern in uns.

G. F. Hebbel

ABENDSONNE AM SEE

Ein warmer Sommertag neigt sich seinem Ende zu.
Die Sonne ist nicht mehr so warm.

Du möchtest die Abendstimmung an einem nahegelegenen See genießen. Ein schmaler, sandiger Weg
führt durch Wiesen und Felder. Leuchtend rote
Mohnblüten schmücken den Rand eines Kornfeldes.

Von weitem kannst du das blaugraue Wasser sehen.
Die Wasseroberfläche ist glatt wie ein Spiegel.

Nahe am Ufer setzt du dich auf eine Bank. Von
hier aus hast du einen weiten Blick über den See.

Ruhe ist innen und außen.

Die Sonne steht schon tief am Himmel. Schickt ihre
setzten Strahlen über das Wasser.

Neben dir stehen einige Nadelbäume. Sie verbreiten
ein würzigen Geruch von Fichtennadeln und Harz.

Das Gezwitscher der Vögel wird allmählich leiser
und verstummt.

Da stimmt ein einzelner Vogel sein Lied an. In
immer anderen Tonfolgen singt er seine Melodie.

Kleine Kehle, kann so laut singen!

Langsam taucht die Sonne am Horizont ins Wasser.
Am Himmel entsteht ein rotviolettes Farbenspiel.

Deine Gedanken werden still. Mit jedem Atemzug
wird die Ruhe tiefer. Alles Wünschen hat aufgehört.

Die äußeren Umstände
entwickeln sich immer nach dem
inneren Geisteszustand.

Buddha

BERGGIPFEL

An einem warmen Frühlingsmorgen wanderst du einen Berg hinauf. Das Gipfelkreuz ist dein Ziel.

Der Weg führt durch grüne Wiesen und kleine Wäldchen, bis die Landschaft immer karger wird. Langsam setzt du einen Schritt vor den anderen.

Das Gehen wird meditativ. Deine Gedanken machen Pause. Du hast Vergangenheit und Zukunft losgelassen, bist ganz im Hier und Jetzt.

Etwas müde kommst du am Gipfelkreuz an. Deine Beine sind schwer geworden. Ein flacher Felsen dient dir zum Ausruhen.

Du streckst deine müden Beine aus, schaust dir die Umgebung an.

Um dich herum nur Weite und Stille. Dein Blick ist grenzenlos. In der Ferne schneebedeckte Gipfel. Du möchtest das großartige Panorama in Gedanken festhalten.

In deiner Brust entsteht ein Gefühl von Weite und Leichtigkeit.

Deine Atemzüge werden langsamer und immer tiefer.

Du bist glücklich, einfach nur da zu sein.

Zu deinen Füßen liegt eine kleine, weiße Feder. Ein Windstoß erfasst sie und wirbelt sie in die Luft. Im leichten Wind tanzt sie hin und her. Eine Böe trägt sie hoch hinauf, bevor sie verschwindet.

Leichtigkeit durchdringt dich. Alles vormals Wichtige wird unwichtig, löst sich in ein Nichts auf. Du bist mit dir im Reinen.

Wenn wir einen Menschen glücklicher und heiterer machen können, dann sollten wir das tun.

H. Hesse

STRASSENCAFE

Du sitzt in einem Straßencafe am Rand eines großen Marktplatzes. Die Marktstände sind bereits abgebaut. Die Weite des Platzes wird sichtbar.

Die Sonne hat schon soviel Kraft und Wärme, dass sie zum draußen Sitzen einlädt. Du hast deinen Stuhl zur Sonne ausgerichtet und hältst ihr dein Gesicht entgegen.

In der Mitte des Platzes steht ein großer Brunnen. Über kugelige, große Marmorblöcke rinnt das Wasser stetig neu. Ohne Anfang und ohne Ende.

Manchmal treibt der Wind sprühende Tröpfchen wie einen feinen Nebel zu dir herüber. Ganz sacht legt er sich auf dein Gesicht.

Überall sind Steintröge mit Blumen aufgestellt. In bunten Farben leuchten sie um die Wette. Insekten fliegen summend von Blüte zu Blüte, um den Nektar einzusammeln.

Der Ober bringt eine große Tasse Cappuccino mit herrlichem Milchschaum obendrauf. Aus Kakao ist ein Herz darauf gemalt.

Die Vorfreude lässt dir das Wasser im Mund zu-
sammenlaufen. Bedächtig rührst du den Zucker um
und trinkst einen Schluck durch die kalte Milch.
Was für ein Genuss!

Der Moment ist vollkommen, nichts fehlt.

Vor deinem Stuhl hüpft ein kleiner Vogel hin und
her. Es sucht nach heruntergefallenen Krümeln.
Immer wieder senkt er seinen Kopf herunter, als
wenn er dir zunicken würde. Er schaut dich mit
kleinen, glänzenden Augen an.

Kleiner Vogel, so liebenswert!

Im Brustraum wird es weit und leicht. Wohlige
Zufriedenheit stellt sich ein.

Mit den Jahren runzelt die Haut.
Mit Verzicht auf Begeisterung
aber runzelt die Seele.

unbekannt

WALDBADEN

An einem heißen Sommertag möchtest du im Schatten eines Waldes spazieren gehen.

Der Wald empfängt dich mit Geborgenheit und Ruhe. Hohe Bäume haben schützend ihre Kronen über dem Weg ausgebreitet.

Vereinzelt fallen Sonnenstrahlen durch ihr Blätterdach wie Blitze auf den Weg.

Entlang des Weges stehen Farne mit üppigen Wedeln. Hohe, weiche Gräser wiegen sich hin und her.

Du stellst dir vor, in ihrem Grün zu baden.

Der weiche Waldboden lässt dein Gehen weich und federnd werden. Du setzt deine Füße langsam und bedächtig, nimmst jeden Schritt wahr.

Schlanke Fichten stehen in kleinen Gruppen zusammen. Du pflückst einen hellgrünen frischen Trieb ab und zerreibst ihn zwischen den Fingern. Was für ein Duft!

Plötzlich hältst du inne: Vor dir steht nur ein paar Schritte entfernt ein Reh. Ganz still hält es seinen Kopf in deine Richtung und schaut dich aus dunklen, glänzenden Augen an.

Du meinst, dessen Herzschlag zu hören, oder ist es deiner?

Zwei, drei Sekunden begegnen sich eure Blicke. Dann springt es mit einem großen Satz über den Weg und verschwindet im schützenden Wald.

Deine Gedanken sind still geworden. Jede Spannung hat sich aufgelöst.

Geist und Seele sind in tiefster Ruhe und ganz verbunden.

Was andere über dich sagen,
geht dich nichts an.

———————————————

unbekannt

WIESE

In deiner Fantasie taucht das Bild einer Blumen-
wiese auf, einer saftig grünen Frühlingswiese, von
der Sonne gewärmt.

Über dir ein strahlend blauer Himmel, kleine weiße
Wölkchen, duftig wie Wattetupfen ziehen vorbei.

Ganz vorsichtig setzt du deine Schritte, du möchtest
die Blumen und Gräser nicht zertreten.

Zarte Wiesenblumen in bunten Farben so weit dein
Blick geht.

Gelber Hahnentritt, blauer Storchenschnabel, rosa
Kleeblumen, sie leuchten in der Sonne.

Hohe Gräser kitzeln ein wenig an deinen Beinen.
Du setzt dich vorsichtig ins hohe Gras.

Ein Marienkäfer krabbelt eilig einen Halm hinauf. Oben angekommen schaut er erst noch etwas
unschlüssig, bevor er seine Flügel ausbreitet und
davonfliegt.

Du schaust ihm noch eine Weile nach, bis er im
Himmelsblau verschwindet.

Ein zarter Duft von grünem Gras liegt in der Luft. Du schließt die Augen, lauscht in die Stille. Nur ein leises Summen der Insekten ist zu hören.

Ruhe ist überall, innen und außen. Alle alltägliche Gedanken sind weit weg.

In unserer Seele kämpfen oft 2 Wölfe miteinander. Der eine ist rachsüchtig und aggressiv, der andere liebevoll und mitfühlend. Es gewinnt immer der, den du fütterst.

unbekannt

INSELURLAUB

Stell dir vor, du bist auf einer kleinen Mittelmeerinsel. Deine Pension mit Meerblick liegt oberhalb des Meeres an einen Hang geschmiegt. Die Hausfassade ist in pastellfarbenem rosa gestrichen.

Der Balkon ist klein, er bietet Platz für gerade einen Liegestuhl und einen kleinen runden Tisch. Die Aussicht von dort ist grandios.

Unter dir das tiefblaue Meer.

Dein Blick reicht bis zum Horizont, wo sich die Farben von Wasser und Himmel vermischen. Einige Surfer hüpfen mit bunten Segeln auf dem Wasser auf und ab.

Leichtigkeit durchflutet dich. Alles Schwere löst sich in ein Nichts auf.

Ein kleiner Weg führt zum Hafen. Einige Männer sitzen gemütlich in einer kleinen Taverne. Sie genießen ihren Wein und ihr Nichtstun, strahlen Zufriedenheit aus. Das Leben scheint hier langsamer zu gehen.

Fischerboote kommen gerade vom Meer herein. Sie bieten ihren Fang vom Boot aus zum Kauf an. Es riecht nach Algen und Meer.

Du schließt kurz die Augen, spürst deinen Atem.

Im Brustraum wird es weit. Gleichmut und Gelassenheit stellen sich ein.

Die größte Entscheidung deines Lebens liegt darin, dass du deine Geisteshaltung ändern kannst.

A. Schweitzer

KATZE

Bei einem Spaziergang begegnet dir eine Katze. Ihr Fell ist schwarz mit einem weißen Bauch und weißen Pfötchen. Ihre wachen bernsteinfarbenen Augen mustern dich.

Erst etwas schüchtern kommt sie näher, streicht an deinen Beinen entlang. Möchte sie gestreichelt werden?

Als du sie am Rücken berührst, hebt sie ihren Kopf und schmiegt sich gegen deine Hand. Was für ein seidenweiches Fell sie hat!

Leise schnurrend drückt sie ihr Wohlbehagen aus. Ganz selbstverständlich genießt sie das Streicheln.

Nach einer Weile springt sie über einen Zaun und hüpft auf einen Fenstersims. Nach mehrmaligem Drehen und Wenden legt sie sich auf den sonnengewärmten Stein.

Wohlig streckt sie die Arme nach vorn und legt das Köpfchen seitlich auf die Pfoten.

Noch einmal schaut sie zu dir herüber, blinzelt mit den Augen, bevor sie sie langsam schließt.

Ein Bild voller Zufriedenheit und Wohlbehagen.

Deine Gedanken entschleunigen. Alles ist gut, wie es ist.

Jede Überzeugung wird in unsren Körperzellen gespeichert. Selbstvertrauen, Mut, und Lebensfreude spiegeln sich darin wider. Ebenso Angst, Erschöpfung, Ärger und Groll.

unbekannt

Schlusswort

Ich hoffe, dass du in diesem Buch einige Anregungen finden konntest, die dein Leben langsamer und erfüllter machen können.

Finde selbst heraus, welche Übungen dir gut tun, welche Übungen du in deinen Alltag integrieren möchtest.

Vielleicht stellt sich nach einiger Zeit heraus, dass du manche Übung nicht mehr brauchst oder für eine andere Übung bereit bist.

Ich wünsche dir ein reiches Er-leben mit allen Sinnen.

Renate Göbel

Quellennachweis

Die spirituelle Kraft des Yoga, Gertrud Hirschi

Mudras, Gertrud Hirschi

Jeden Augenblick genießen, Thich Nhat Hanh

Leben im Jetzt, Eckhart Tolle

Die Autorin

Renate Göbel, Jahrgang 1953, ist gelernte Bankkauffrau. Sie ist in 2. Ehe verheiratet und hat 2 erwachsene Söhne.

Als sie 1995 mit Yoga begann, bestimmte diese östliche Lebensphilosophie ihren weiteren Lebensweg. 1997 begann sie nebenberuflich eine Ausbildung zur Yogalehrerin. Seit 2003 leitet sie Yogakurse mit anschließenden Fantasiereisen.

Sie besuchte Seminare in verschiedenen Entspannungstechniken wie Qi-Gong, Tai-Chi, Autogenem Training, NLP und ist in den 2. Reiki-Grad eingeweiht.

Ihr 1. Buch „Eintauchen in Stille und Frieden" erschien 2015.

Zeitfracht Medien GmbH
Ferdinand-Jühlke-Straße 7
99095 Erfurt, Deutschland
produktsicherheit@kolibri360.de